Un **PAVO REAL** en el reino de los **pingüinos**

Fábula sobre los riesgos y posibilidades
de ser diferente en el mundo empresarial

Barbara "BJ" Hateley y Warren H. Schmitdt
Ilustraciones de Sam Weiss

Traducción
Beatriz Caballero y
María del Mar Ravassa

Edición original en inglés:
A Peacock in the Land of Penguins:
A Tale of Diversity and Discovery
de Barbara "B J" Hateley y Warren H. Schmidt.
Una publicación de Berrett-Koehler Publishers
155 Montgomery Street
San Francisco, CA 94104-4109
Copyright © 1995 por Barbara "B J" Hateley

DEDICATORIA

Dedicamos este libro a todos
los que anhelan volar libremente
y mostrar su verdadero color,
y a todos los que tienen la
sabiduría de aprender de quienes
son diferentes.

Prólogo

De vez en cuando sale a la luz un librito que trata un tema profundo de manera sencilla y elegante. *Un pavo real en el reino de los pingüinos* es uno de ésos. La obrita aporta una nueva perspectiva al muy discutido tópico de la diversidad en el lugar de trabajo, y lo hace de manera muy simpática. Mediante una fábula, este libro nos ayuda a ver qué puede pasar cuando tratamos de expresarnos abierta y valerosamente en un medio creado por ejecutivos y gerentes que ven el mundo desde una perspectiva muy diferente.

Ésta es la historia de Pedro, el pavo real, un ave vistosa, inteligente y talentosa, que viene a vivir al Reino de los Pingüinos. Pronto se ve en problemas porque éstos han establecido un frío clima organizacional, formal, burocrático y gobernado por un vasto conjunto de reglas escritas y no escritas. Aunque le reconocen su talento, su estilo diferente y poco habitual hace sentir incómodos a los pingüinos. La experiencia del pavo real refleja la de muchas personas "distintas" en las organizaciones actuales. Aunque la valoración de la diversidad se predica continuamente por todas partes, la retórica no siempre es igual a la realidad. Ser "diferente" es mucho más que una cuestión de raza o género. La diversidad, en su verdadero sentido, involucra toda una gama de singularidad humana — personalidad, estilo de trabajar, visión del mundo, manera de comunicarse, y mucho más. Valorar la diversidad quiere decir apreciar y estimular el que la gente sea ella misma, y ayudarle a desarrollar todo su potencial y utilizar su talento, sus habilidades, sus ideas y su creatividad.

Esta encantadora fábula corporativa, basada en la experiencia de personas reales, relata las aventuras de Pedro, el pavo real, y otras aves exóticas al tratar de abrirse camino en el Reino de los Pingüinos. Su historia es divertida e instructiva. Es un relato sobre los peligros y las posibilidades de ser "diferente" en un mundo que valora la comodidad, la seguridad, y la previsibilidad de la conformidad.

Todos los que trabajen en una organización: ejecutivos, personal de recursos humanos, gerentes, supervisores, y el personal en general, deben leer este librito.

¡Contiene revelaciones importantes para todos!

Ken Blanchard

Érase una vez, y no hace
tanto de eso, que los
pingüinos dominaban
muchas tierras en el Mar
de las Empresas.

Aunque no siempre eran
sabios o estimados,
siempre tenían el mando.

La mayoría de las empresas eran parecidas:

Los altos ejecutivos y los gerentes usaban el traje característico de los pingüinos; mientras que los obreros – aves de muchos tipos – se vestían con ropas y colores de acuerdo con su trabajo y su estilo de vida.

A las aves que aspiraban a ascender en su empresa se les incitaba a ser lo más parecidas posible a los pingüinos: a caminar con pasos cortos, a imitar su manera de andar, a usar el traje de pingüino y a seguir el ejemplo de sus jefes.

Los departamentos de
desarrollo de los empleados
ofrecían programas intensivos
de capacitación sobre
el comportamiento del
buen pingüino.

Las reglas y las normas
eran claras desde el primer día.

De manera sutil,
y a veces no tan sutilmente,
los pingüinos aconsejaban:

"Así hacemos las cosas aquí.
El que quiera triunfar tiene
que ser como nosotros,
y punto".

Las aves que estaban interesadas
en moverse dentro de la ley del
más fuerte se esmeraban en
poner cara de pingüino y en
portarse como pingüinos.

Pero incluso ellas
comprendían
que nunca llegarían
a los puestos claves.

Se daba por sentado que todos
los pingüinos eran jefes naturales,
y que eran ordenados, leales
y podían trabajar en equipo;
y se sabía que anteponían los
intereses de la empresa a sus
asuntos personales.

De las otras aves
se creía que eran más
volubles y menos
confiables.

Por supuesto, esto nunca se decía en voz alta, ni por escrito. Porque, como en toda empresa, los pingüinos querían dar la impresión de ser amplios y estar siempre listos a estimular el talento, la dedicación al trabajo y los aportes de sus colaboradores.

Pero en el fondo,
todos sabían que los
pingüinos siempre
habían sido y
seguirían siendo los
mandamases.

Los mayores acostumbraban poner a los menores bajo su ala protectora y guiarlos por el camino del éxito.

Los llevaban a jugar al golf y a trotar, y hablaban con ellos de fútbol en los almuerzos de oficina.

Se notaba a leguas
cuáles eran los
pingüinos
importantes.

Y era evidente que
se sentían mejor
sólo cuando
estaban entre ellos.

Todo era armonía en el Reino de los Pingüinos, siempre y cuando que se aceptaran sus reglas del juego. Las demás aves de la empresa sabían cómo debían obrar para que los pingüinos se sintieran cómodos y seguros.

Pero un día las cosas empezaron a cambiar en el Reino de los Pingüinos...

A los mayores les dio por recorrer otros lugares, donde conocieron unas aves muy interesantes que les llamaron la atención por su capacidad gerencial, su experiencia y sus realizaciones.

"Estas aves no son pingüinos —pensaron los mayores—, pero quizá podrían convertirse en pingüinos si las llevamos a nuestro país y las entrenamos a nuestro acomodo...

"Con seguridad estas aves tan notables y extraordinarias podrán adaptarse a la forma de vida del Reino de los Pingüinos, y con su talento contribuir a que lleguemos aun más lejos.

"Nuestro clima es distinto
—frío y desapacible—,
y como nuestra tierra no hay otra:
helada y yerma.

"Pero si a pesar de las circunstancias,
nosotros hemos sido capaces
de salir adelante, quizá estas aves
también puedan prosperar.

"Si son tan inteligentes como parecen,
se acomodarán a nuestro clima
y a nuestras costumbres".

Y así fue como
Pedro, el pavo real,
llegó al Reino
de los Pingüinos...

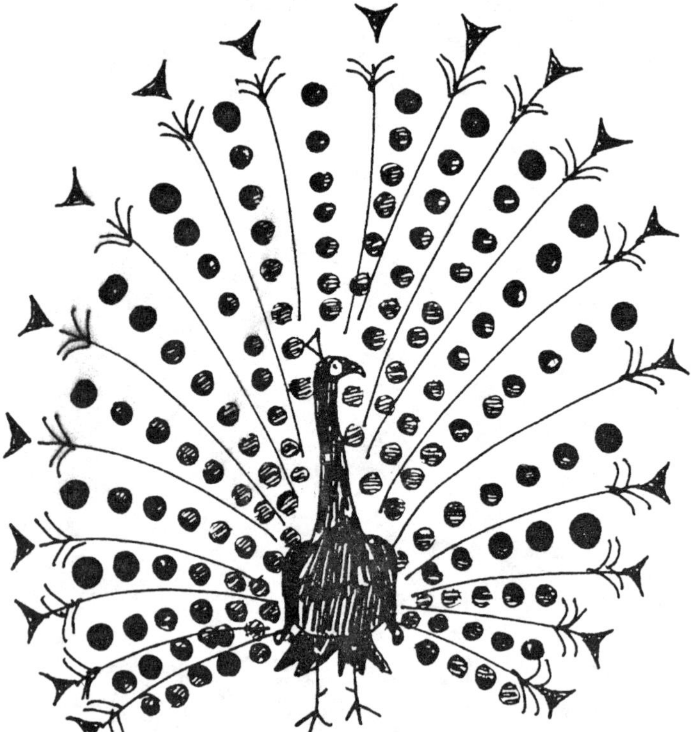

Claramente,
Pedro no tenía nada que ver
con los pingüinos.

En realidad era la antítesis
de la pingüinidad.

Pedro era un pavo real:
un ave llena de colorido,
radiante y bullanguera.

Pedro era un pavo real muy talentoso que había hecho cosas importantes en su tierra.

Sabía escribir, y manejaba bien sus presupuestos; era creativo, imaginativo, sensato y práctico.

Tenía muchos amigos y admiradores en su propia tierra, y era muy popular y querido.

Los altos gerentes
del Reino de los Pingüinos
quedaron perplejos cuando
conocieron a Pedro, el pavo real.

"Sí, era distinto —pensaban—
pero sus logros profesionales
eran impactantes
y sus posibilidades fabulosas.
Sin duda tenía un gran potencial".

Por su parte,
a Pedro le interesaban los pingüinos
por la maravillas que había oído
y leído acerca de su reino:
la promesa de llegar a ser alguien
y de hacer fortuna, y la satisfacción
de formar parte de una empresa
grande y poderosa.

Se trataba de un país rico,
donde todas las aves estaban
extremadamente bien pagadas.

"En esta nueva tierra mi futuro
será más brillante", pensó.

Así, los pingüinos
y el pavo real
llegaron a un acuerdo:
él se iría a trabajar con ellos,
y juntos lograrían
grandes cosas.

Al principio,
todo funcionó a las mil maravillas.

Los pingüinos estaban felices
con su nuevo pupilo,
quien se destacaba por los destellos
de colores que despedía de vez
en cuando.

Y Pedro también estaba encantado
con la novedad y la novelería.

Los pingüinos lo tenían deslumbrado:
¡se veían tan importantes en sus trajes
negros con blanco, especialmente
cuando se reunían para seminarios
y cócteles!

¡Qué trato!
¡Qué modales!
Jamás había visto
tanta ceremonia
y cortesía.

Ahora bien,
al principio el pavo real se cuidó
de no hacer demasiada ostentación
de su colorido natural.

En su país lo habían puesto
sobre aviso.

Le habían advertido cómo eran
las reglas y el estilo de gobierno
de los pingüinos.

De modo que mantenía las plumas
recogidas la mayoría del tiempo,
y sólo ocasionalmente las desplegaba
en toda su extensión y vistosidad,
para impresionar a los pingüinos.

Quería que lo tomaran en serio
y tener éxito.

Así que decidió doblegar
su naturaleza de pavo real
hasta que tuviera seguridad
de que los pingüinos
lo aceptaran totalmente.

Tenía la esperanza de que cuando lograra los resultados esperados, sería acogido sin reservas – con todo su esplendor y su gloria de pavo real –, y entonces sí podría pavonearse a su antojo y ser él mismo.

Porque las cosas eran muy distintas en el Reino del Aprendizaje, el sitio donde él había nacido.

Allí había una gran variedad de aves:
aves sabias (los búhos),
poderosas (las águilas),
aves de caza (los halcones),
aves raras (avestruces),
elegantes (cisnes)
y extrañas (pájaros bobos).

El país era muy poblado y bullicioso,
hervía de actividad, y en él abundaba
la competencia.

Los pájaros tenían que trabajar mucho,
aprender rápido y ser ingeniosos,
si querían salir adelante.

¡El ambiente era estimulante pero duro!

El lema en el Reino del Aprendizaje era:

> **IMAGINA**
> **INTENTA**
> **PRUEBA**
> **¡REALIZA!**

Todas las aves se esforzaban por demostrar sus capacidades para ganarse un lugar bajo el Sol.

No todo era paz
en el Reino del Aprendizaje.

A veces había roces y peleas,
pero los conflictos y las diferencias
se apreciaban porque las aves
creían que ésa era la manera
de poner a prueba las nuevas ideas.

Ellas se valían de la discusión,
el debate y el enfrentamiento
para introducir cambios y progresar.

Daba lo mismo ser pingüino
que pavo real, paloma o azulejo.

Lo único que importaba era tener
talento e inteligencia. La iniciativa,
la creatividad y las realizaciones
eran los valores más preciados.

Sólo contaba lo que se llevara
dentro de sí y lo que cada cual
aportara, sin distinción de clase
o color de plumaje.

No obstante, Pedro, el pavo real,
tendría que enfrentar retos
muy distintos desde el momento
en que decidió dejar el Reino del
Aprendizaje para irse a trabajar
al Reino de los Pingüinos.

Aunque estaba acostumbrado a
trabajar duro, a pelear por sus ideas
y a competir con toda clase de pájaros,
nada en su experiencia anterior
lo había preparado para el estilo
y los métodos tan particulares
del Reino de los Pingüinos.

Pedro quería hacer las cosas bien, y triunfar.

Se sentía halagado de que los pingüinos, tan poderosos y llenos de prestigio, lo hubieran alistado en sus filas, y quería caerles bien.

Aprendió a caminar, a hablar
y a moverse como pingüino.

"Qué raro —se decía—. ¡Todos
son idénticos! ¡Parecen clones!"

El pavo real estaba confundido
y desconcertado.

Ya medida que fue pasando el tiempo, empezaron los problemas...

Algunos pingüinos comenzaron
a rezongar porque su voz de pavo real
era muy fuerte.

Los pingüinos hablan en voz baja
y con tonos modulados,
y las carcajadas y exclamaciones
llenas de emoción del pavo real
quebrantaban sus cánones del decoro
y la corrección.

Cuanto más duro trabajaba
y más logros cosechaba,
más resaltaban sus plumas.

Para todos era un hecho
que el pavo real era talentoso
y productivo, y estaban contentos
con los notables resultados
de su trabajo, pero su naturaleza
llamativa y vistosa incomodaba
a algunos de los pingüinos mayores.

Sin embargo,
otros estaban encantados
de tener entre ellos
a esta nueva y extraña ave.

La consideraban como un
"soplo de aire fresco",
y la acogieron con entusiasmo.

Algunos pingüinos jóvenes
comenzaron a especular entre ellos
cuánto duraría el pavo real
en el Reino de los Pingüinos.
Viendo lo poco pingüino que era,
se preguntaban hasta cuándo
lo tolerarían los mayores.

Un par de pingüinos mayores
trató de tomarlo bajo su ala
protectora
e instruirlo:

—Nos gusta tu trabajo,
pero hay uno que otro viejo
incómodo con tu apariencia.
¿Por qué no te pones un traje
de pingüino a ver si te pareces
más a nosotros? —le dijeron.

—No me queda bueno —les contestó
Pedro—. Me aprieta, me constriñe,
me aplasta las plumas de la cola
y no puedo mover las alas.
Si no estoy cómodo no puedo trabajar.

Los mayores insistieron:

–Entonces, ¿por qué no te pintas
las plumas de negro y blanco
como las nuestras?
Así, por lo menos,
no te verás tan distinto.

–¿Qué tiene de malo que yo sea así?
–preguntó Pedro, dolido y confundido–.
Trabajo mucho y soy eficiente.
Todo el mundo lo dice.
¿Por qué no se fijan en mi trabajo
en vez de preocuparse por mis plumas?
¿No son más importantes mis logros
que mi aspecto?

–No es mucho pedir –insistieron los
pingüinos–. Eres inteligente
y recursivo.
Te espera un futuro brillante.
Simplemente tienes que portarte
como nosotros para que los viejos
se sientan mejor.

–Ponte un traje de pingüino,
habla con suavidad y da pasos más
cortos. Mira a los demás pingüinos:
¿Ves cómo caminan?
Trata de ser como el resto de nosotros.

Sus palabras lo herían a pesar de que Pedro se daba cuenta de sus buenas intenciones.

—¿Por qué simplemente no puedo ser como soy? ¿Por qué tengo que cambiar para que ustedes me acepten?

—Porque aquí las cosas son así,
y así son en el Mar de las Empresas.

Tuvo la sospecha de que podían tener razón, pero en el fondo de su corazón no quería aceptarlo.

Les dio las gracias por sus consejos y su interés, y se fue a su nido a reflexionar.

Pasaban los meses,
y él seguía discutiendo su dilema
con otras aves de confianza.

También eran nuevas y habían sido
contratadas por la misma época
en que Pedro había llegado al Reino
de los Pingüinos.

Muchas estaban atravesando
la misma crisis...

Eduardo, el águila,
se quejó de que a él también
lo estaban presionando
para que cambiara.

Era inteligente y fuerte,
muy hábil en su trabajo
y hasta usaba el vestido de pingüino
que exigían.

Pero Eduardo no hablaba ni se
comportaba como pingüino,
cosa que molestaba a los viejos.

Como se avergonzaban de sus
expresiones, lo mandaron a una
universidad de gran prestigio,
donde había un programa
de entrenamiento especial
para pingüinos ejecutivos.

Pero no sirvió de nada.
Siguió siendo un águila vestida
de pingüino.

No podía dejar de ser él mismo.

Helena, la gavilana,
tenía los mismos problemas.

Era hermosa y estaba llena de energía;
inteligente, aguda y agresiva;
hábil cazadora y con un instinto
de competencia feroz.

A veces le ponía algo más de color
a su vestido de pingüino,
pero era soportable.

Helena trató de adaptarse
al estilo de los pingüinos,
pero su naturaleza de gavilán
siempre salía a flote.

Tenía las garras afiladas,
ojos penetrantes, relaciones
intensas, el instinto de cazar
siempre alerta.
Y su estilito de pasar por encima de
cualquiera molestaba a los mayores.

Lo mismo sucedía con Miguel,
el pájaro burlón.

Era un pájaro excepcionalmente
brillante, creativo, imaginativo,
impulsivo, a quien le atraían
las ideas de vanguardia.

Volaba de prisa, trabajaba duro
y revoloteaba por todas partes
haciendo que pasaran cosas buenas
en el Reino de los Pingüinos.

Pero Miguel muy pronto se dio
cuenta de que los pingüinos
son aves que marcan su territorio,
construyen imperios, imponen la ley
del más fuerte y se sienten agraviados
por el que aspire a ser parte del clan
sin haber sido formalmente invitado.

Como Miguel no era pingüino,
no entendía la política ni el manejo
del territorio de los mayores.

A veces los ofendía con su tendencia
a la creatividad y con su insistencia
en que se consideraran otras
posibilidades.

Sus intrusiones eran una amenaza
y una molestia para ellos.

Lo mismo que Eduardo, el águila,
y que Helena, la gavilana,
Miguel se ponía su traje de pingüino
y se esforzaba por copiar su estilo
para ser aceptado.

Pero al fin y al cabo,
no podía dejar de ser él mismo.

Igual cosa sucedía
con Sara, el cisne.

Era una soñadora optimista
con una visión poco común
de lo que podría ser el futuro
en el Reino de los Pingüinos.

Tenía ideas interesantes.
Ideas propias, y buenas, pero como
las exponía con mucha suavidad,
casi nadie las oía.

Era refinada y llena de gracia,
por lo cual los pingüinos
dudaban de su firmeza
y su fortaleza.

Y había otras aves...

Lo que todas tenían en común
era que ninguna había crecido
en el Reino de los Pingüinos.

Habían sido traídas y contratadas
en otras partes.

Los pingüinos jefes habían
tentado a los forasteros
con sus promesas de éxito:

"Estamos interesados en su forma
diferente de pensar y en sus ideas
innovadoras. Admiramos su
trayectoria y queremos que realicen
grandes cosas para nosotros".

Pero apenas entraban en la empresa,
los jefes sacaban sus vestidos de
pingüino y empezaban a presionar
a las aves recién llegadas para que
hablaran, actuaran y pensaran
como pingüinos.

"Somos partidarios de la diversidad",
decían los pingüinos,
pero sus acciones los traicionaban.

Mientras tanto, las aves exóticas
seguían discutiendo entre ellas
sus frustraciones comunes,
en busca de una solución.

Varias decidieron tratar
de cambiar la cultura
en vez de dejarse
cambiar por ella.

"Trataremos de cambiar
a nuestros jefes
y a otros pingüinos claves,
sin ser demasiado obvios,
naturalmente", se propusieron.

Y así todas desarrollaron
estrategias para convertirse
en "agentes del cambio"
en el Reino de los Pingüinos.

Eduardo, el águila, puso en práctica una "Estrategia de apoyo":

> *Sorprende a tu jefe cuando esté haciendo algo bien hecho... (o más o menos bien hecho).*

Cuando el jefe llegaba a aceptar alguna idea nueva, Eduardo se la machacaba diciéndole:

"Aprecio mucho su buena voluntad para ensayar algo diferente. Su apoyo me recompensa y hace que mi trabajo sea más interesante".

Helena, la gavilana, tenía sus propios métodos para lograr el cambio.
Ella aplicó la "Estrategia de la ilusión":

> *Actúa a partir de supuestos que quisieras que fueran verdaderos (con precaución, por supuesto).*

Helena empezó a enviarle regularmente a su jefe recortes de prensa y artículos de revistas con una nota que decía: "Debido a su constante interés por aprender nuevas técnicas de marketing, pensé que le interesaría este artículo sobre Distribuidora S. A., publicado en la última entrega de la revista *Negocios de éxito*".

Miguel, el pájaro burlón, decidió
intentar una estrategia bien atrevida;
una "Estrategia de ignorancia calculada":

> *Viola la política pingüina,*
> *y si te pescan, sírvete de la*
> *"Respuesta pródiga en enigmas".*

Cuando se le pedía a Miguel
que tomara alguna decisión especial,
ponía cara enigmática y describía
el atajo por donde se podía llegar
a aquello que todos habían
considerado tan importante.

Sara, el Cisne, mucho más suave
en su trato, probó la "Estrategia
del aprendizaje seguro":

> *Expón tus nuevas ideas*
> *ante los pingüinos mayores*
> *en situaciones en que no*
> *les incomode tener*
> *que darles respuesta.*

Sara, entonces,
mencionaba casualmente sus ideas
y sugerencias en medio de
conversaciones desprevenidas
e informales. Así, ella "plantaba"
sus ideas, las nutría lentamente
y esperaba que progresaran.

Algunas de las otras aves – que
estaban empeñadas en cambiar –
se esforzaban muchísimo
por volverse pingüinos.

Caminaban a lo pingüino, hablaban
el lenguaje pingüino.

Se arreglaban las plumas y practicaban
para lograr el resultado deseado.

Pero, al final, terminaban fracasando,
pues no podían dejar de ser
ellas mismas.

Y unas cuantas, como Pedro,
ni siquiera trataron de convertirse
en pingüinos.

En el fondo de su corazón,
Pedro sabía que tenía
que existir por lo menos *un* país
en el vasto Mar de las Empresas,
en donde pudiera ser un pavo real
apreciado por su personalidad.

Soportó los consejos y las presiones
de los pingüinos, pero se mantuvo
firme en su convicción de que debía
ser valorado por sus resultados.

Con el tiempo, las cosas fueron empeorando para Pedro y para las demás aves raras del Reino de los Pingüinos.

Sus estrategias para cambiar
la manera de hacer las cosas
de los pingüinos eran recibidas
con oposición y papeleo.

Sus ideas y sus esfuerzos eran
desaprobados y rechazados.

A sus "¿por qués?" le respondían
con un "Ésta es la forma en que
siempre hemos hecho las cosas
aquí".

Las aves raras aprendieron a través
de su dolorosa experiencia
que la cultura del país estaba
profundamente arraigada.

Las estructuras y los sistemas eran rígidos e inquebrantables. Las políticas y los procedimientos garantizaban la continuidad de las costumbres de los pingüinos.

Finalmente se vio que los esfuerzos individuales por persuadir e influir eran tontos y vanos, ante una tradición y una estructura vigentes desde hacía tanto tiempo.

Las aves exóticas comprendieron que el estilo de trabajo de los pingüinos, desarrollado durante tantos años, no se podría cambiar fácil ni rápidamente.

Las estrategias de las aves
para cambiarse a sí mismas
también se quedaron cortas,
pues muy en el fondo, simplemente
ellas no eran pingüinos.

No podían cambiar
lo que en realidad eran.

Se hallaban frustradas,
decepcionadas y tristes.

Ellas, que habían llegado al
Reino de las Pingüinos con tantas
esperanzas y expectativas,
que habían querido colaborar
y triunfar;

ino recibieron sino una crítica silenciosa, un conformismo asfixiante y un rechazo sutil!

Y así,
una por una,
Pedro y las demás aves nuevas
empezaron a caer en la cuenta
de lo mismo:

Que no podían ser ellas mismas
en el Reino de los Pingüinos,
y que tenían que irse.

Su futuro estaba en otro lugar
del vasto Mar de las Empresas.

Algunas aves nuevas
tomaron por sí mismas
la iniciativa de irse
del Reino de los Pingüinos.

A otras las echaron los pingüinos
mayores: "Ustedes nos hacen sentir
demasiado incómodos.
Aquí no caben.
Tienen que irse".

Así partieran por voluntad propia
u obligadas por los mayores,
todas las aves que se fueron tenían
una cosa en común: el dolor
y la confusión de ser distintas,
y la tristeza y la decepción
de no ser aceptadas por lo que eran.

Todas estas aves
de diversos plumajes
habían enfrentado el mismo dilema:

¿Cuánto podrían o querrían cambiar
para "encajar" y ser aceptadas
en el Reino de los Pingüinos,
y cuánto podrían ser ellas mismas?

¿Qué precio había que pagar
para poder triunfar?

Los pingüinos también tenían
su dilema:

¿Cuánta diversidad podrían tolerar
en su país para poder mantener su
propio nivel de comodidad?

¿Todas estas diferencias no harían
peligrar su armoniosa cultura
corporativa?

Al fin y al cabo, los pingüinos
llevaban años de prosperidad
siguiendo sus tradiciones
y su manera de hacer negocios.

Eran reacios a cambiar el sistema
que los había hecho importantes,
y estaban decepcionados
de que muchos de los trabajadores
contratados últimamente
no les funcionaran.

Pedro, el pavo real,
fue el primero en partir.

Muchos amigos de otros sitios
le habían hablado de un lugar nuevo
y maravilloso que habían conocido
en sus viajes.

Lo describían como "El Reino de la Oportunidad".

Le habían dicho que allí tendrían en cuenta su trabajo y sus aportes, y que su personalidad, en vez de ser criticada, sería elogiada.

Él podría ser todo lo colorido, extravagante y entusiasta que quisiera, que sería bien recibido.

¿Osaría esperar que tales nuevas
fueran ciertas?

¿Sería ése el lugar de sus anhelos?

Tendría que comprobarlo
por sí mismo.

Cuando Pedro llegó
al Reino de la Oportunidad,
le pareció que no tenía nada que ver
con el Reino de los Pingüinos.

Allí, ni los trabajadores
ni los jefes
perdían tiempo ni energía
tratando de aparentar
lo que no eran.

Sabían que se necesitaban
toda clase de aves
para poder triunfar
en el competitivo y turbulento
Mar de las Empresas.

Y sabían que para triunfar
en una empresa son indispensables
la aceptación y la confianza.

Sentirse aceptado y gozar
de la confianza de los demás
permite que cada ave – aun aquéllas
que cantan con voz distinta – pueda
cantar su propia canción con la
esperanza de ser escuchada.

Todas las aves se expresaban libremente, y el vivo intercambio de opiniones era lo que garantizaba que su trabajo y su sistema mejoraran constantemente.

Lo mejor de todo era que confiaban
en sus jefes, aves de muchas clases
que habían llegado a la posición
en que estaban por su talento,
su inteligencia y su capacidad.

Allí el lema era:

E PLURIBUS MAXIMUS
(La diversidad engrandece)

Había aves que nadaban,
muchas volaban,
y una que otra tenía las patas
bien plantadas en la tierra.

Esto les daba una variedad
de perspectivas del mundo
que compartían de manera
fácil y abierta.

El conocimiento que compartían
las hacía sabias, y su sabiduría
las hacía triunfar.

Pedro había encontrado
su nuevo hogar.

A medida que fueron pasando
los años, uno a uno,
Eduardo, el águila,
Helena, la gavilana,
Miguel, el pájaro burlón,
y Sara, el cisne,
también se abrieron camino
en el Reino de la Oportunidad.

Le habían oído hablar a Pedro
de la libertad y de la amplitud
que allí había.

En ese país, Eduardo
podía ser libre de remontarse
a las alturas tan rápido
como se lo permitieran sus alas.

Se admiraba su gracia y su poder,
y se comentaba el ejemplo
que constituía para las aves jóvenes
que habían empezado desde abajo
y soñaban con volar muy alto
algún día.

Nadie reparaba siquiera
en su particularísima
manera de hablar.

Helena,
que había resultado inquietante
para los pingüinos con su incesante
parloteo y su agudo instinto
de la competencia, encontró
en el Reino de la Oportunidad
un lugar donde fue bien recibida.

Sus colegas valoraban sus habilidades
de cazadora y su capacidad
para descubrir las tendencias
de cambio y nuevas oportunidades.

Su elegancia y su carácter eran
motivo de comentarios.
Se ajustaba perfectamente
a la nueva posición que llegó a ocupar
en el Reino de la Oportunidad.

Miguel
pudo finalmente experimentar
el goce de crear saltando
de un proyecto a otro, trabajando
duro y aprisa y agitando
nuevas ideas a su paso.

Al dejar de estar encadenado
al orden jerárquico rígido
y a las limitaciones de los
pingüinos, su productividad
subió hasta las nubes,
y todos quedaron maravillados
con sus dotes.

El Reino de la Oportunidad también
resultó ser un lugar receptivo para el
estilo de trabajo idealista, reflexivo
e imaginativo de Sara.

Empezó por escribir
y buscar ideas
a través de formas que
ya había desechado por imposibles
en un lugar de trabajo.

Otras aves quisieron colaborar con ella
y compartir la realización
de sus sueños.

Les gustaba la libertad que les dejaba
y su manera suave y gentil.

Estas aves diversas prosperaron
y se desarrollaron como nunca.
Se sentían seguras y apoyadas
por la admiración que les demostraban
las demás aves del reino.

Experimentaban una nueva libertad
que les permitía volar,
cada una a su manera.

Trabajaban duro
y gozaban el fruto de su esfuerzo.

Sobre todo,
sintieron la dicha
de poder ser ellas mismas.

Pedro, el pavo real,
desplegaba su cola de colores.

Eduardo, el águila,
se remontaba por los aires,
imponente y elegante.

Helena, la gavilana,
siempre alerta,
se dedicaba a la cacería.

Miguel, el pájaro burlón,
daba rienda suelta a sus instintos
creativos y a sus ideas renovadoras.

Y Sara, el cisne,
se dejaba arrastrar,
y nadaba con la corriente.

Pedro y sus amigos
encontraron que
en el Reino de la Oportunidad
podrían llevar una buena vida
y tener un futuro brillante.

Que allí podrían triunfar
y cada uno, a su manera,
hacer aportes que serían
bien recibidos y tenidos
en cuenta por sus colegas
y sus compañeros
de trabajo.

Y comprendieron
que el Reino de la Oportunidad,
más que un lugar,
es un estado mental.

El Reino de la Oportunidad
es una actitud.

Es estar abierto a ideas nuevas,
estar dispuesto a escuchar,
ávido de aprender,
con deseos de crecer
y ser flexible ante el cambio.

El Reino de la Oportunidad
es una nueva manera de relacionarse.

Se vuelve real
cuando dejamos de juzgarnos
unos a otros superficialmente
y empezamos a ver y apreciar
a cada uno por su originalidad,
su talento,
sus capacidades
y su valor.

El Reino de la Oportunidad
es el lugar en donde
vivimos y trabajamos
cuando escogemos
mirar con nuevos ojos
y vivir con el corazón,
y nos permitimos a nosotros mismos
y a los demás
ser lo que verdaderamente somos...

Nosotros mismos.

Fin

Epílogo

... **y** ¿qué fue del Reino
de los Pingüinos?

Su historia sigue desarrollándose
día a día en corporaciones y empresas,
a todo lo largo y ancho del planeta...

Apostillas a esta fábula

Usted puede identificar una organización de pingüinos por cómo se ve...

1. Los altos ejecutivos se ven todos como si fueran al mismo sastre y al mismo peluquero.

2. La literatura institucional de Relaciones Públicas siempre pone más énfasis en el pasado (patrimonio, gran tradición, clientes leales), que en el futuro (innovación, técnicas de vanguardia, visión).

3. Propensión a ser conservadores en el vestido, en la manera de pensar y en el comportamiento.

4. Gran proporción de antiguos empleados.

5. La empresa es con frecuencia grande, pesada, predecible y difícil de cambiar.

6. ¡A usted lo consideran un "recién llegado" hasta que cumple por lo menos diez años en la empresa!

7. Los ejecutivos en ascenso son simplemente versiones más jóvenes de los que están en la cima del poder.

8. Los adornos del estatus y del poder son visibles y prominentes (por ejemplo, comedores para ejecutivos, automóviles para ejecutivos, baños para ejecutivos, etc.). Excesivo énfasis en el rango y en el poder dentro de la empresa.

9. La forma se valora por encima del contenido. Un estilo compatible es más importante que los resultados.

10. Pocas mujeres y gente de color en posiciones de liderazgo. Los que han llegado allí son, con frecuencia, los pingüinos más incondicionales para probar su lealtad al orden existente.

Usted puede identificar una organización de pingüinos por cómo trabaja...

1. La toma de decisiones pone más énfasis en el pasado, la tradición y los límites ("Eso nunca se ha hecho antes" o "Eso va en contra de la política de la compañía"), que en la creatividad, el riesgo, la flexibilidad y la innovación ("Parece una buena idea, ¡ensayémosla!").

2. Excesivo énfasis en la línea de mando, en no perturbar el equilibrio, y en la lealtad a la gente por encima de la lealtad al bien de la empresa.

3. Caracterizada por el pensamiento de equipo – alto grado de consenso, poco desacuerdo y debate. Se evita la confrontación, el desacuerdo directo o el choque contra la tradición y el orden existente.

4. "Estreñimiento organizacional": burocrática, se necesitan varias instancias de aprobación para lanzar un nuevo producto, resolver problemas con clientes, realizar compras, etc.

5. Sujeta a la "parálisis analítica": demasiados comités que hacen estudios pero no tienen la autoridad para tomar decisiones; lentitud en la toma de decisiones; se corren pocos riesgos.

6. Discusiones corteses y discretas; énfasis en la caballerosidad y las buenas maneras; comunicación sutil e indirecta. La gente debe ser capaz de "leer entre líneas".

7. La empresa tiende más a crear cargos administrativos que a eliminarlos. Se crean puestos especiales para los "niños y niñas mimados de los jefes", como posiciones de entrenamiento.

8. La gente habla del "sistema de las buenas conexiones", como la forma de hacer las cosas y lograr salir adelante. Los ascensos y la asignación de trabajos especiales dependen más de las personas a las que uno conoce y de pertenecer al "círculo de los elegidos", que de las capacidades y la habilidad de cada uno.

9. A los recién llegados se les aconseja que se ajusten, que se sometan, que "encajen".

10. La remuneración depende más de la antigüedad en el cargo, que del rendimiento y los resultados.

Consejos para los pingüinos que quieren cambiar

1. Observe sus propias tendencias y actitudes, reconózcalas con honestidad y sea consciente de ellas. Ser conscientes de nuestros actos es el primer paso hacia el cambio.

2. Reconozca que el mundo está cambiando y que el futuro se ve muy diferente del pasado. Lo que funcionó en el pasado, puede ser ahora obsoleto. Un nuevo futuro exige nuevos comportamientos.

3. Cultive un pensamiento amplio: hay muchos caminos hacia el éxito y muchas formas diferentes de hacer las cosas y obtener resultados. Su forma de hacer las cosas es sólo *una* forma. Celebre la creatividad, la innovación y la inventiva de los demás.

4. Trate de separar la forma del contenido. No se enrede en discusiones acerca del estilo; concéntrese en el contenido, las metas y los objetivos compartidos, y los resultados.

5. Sálgase de su terreno, aléjese de su zona de influencia y trate de acercarse a personas distintas de usted. Invite a almorzar, o a cualquier otro evento social o de negocios, a algún ave exótica.

6. Cree oportunidades para que las aves exóticas puedan aportar sus talentos e ideas al trabajo (grupos de trabajo, comisiones, proyectos especiales).

7. Considere la idea de crear grupos de consulta, grupos de asesoría o grupos de soporte para aquellas personas que se sienten "diferentes" de una manera especial. Escúchelas, hable con ellas, involúcrelas en la búsqueda de formas de lograr que la cultura de los pingüinos sea más abierta a la diversidad.

8. Cree canales e instancias de ayuda para que las aves de TODAS las clases puedan manejar sus sentimientos acerca de la forma de ser de la empresa – como ha sido en el pasado, como es hoy día, y como puede llegar a ser en el futuro. Asegúrese de que la expresión de sentimientos de miedo y preocupación, así como la manifestación de esperanzas y aspiraciones, no sea un asunto arriesgado.

9. Sea un modelo visible de conducta para otros pingüinos. La gente está más atenta a lo que usted HACE, que a lo que usted DICE. Trate con aves exóticas e inclúyalas en sus actividades cotidianas. Piense en la posibilidad de patrocinar a algunas aves exóticas, dejándolas ser tal como son.

10. Celebre los pequeños triunfos, tanto individuales como corporativos. El cambio puede ser lento, desigual e incómodo. Premie el progreso tanto de los demás como el suyo propio. Mantenga su voluntad de cambio.

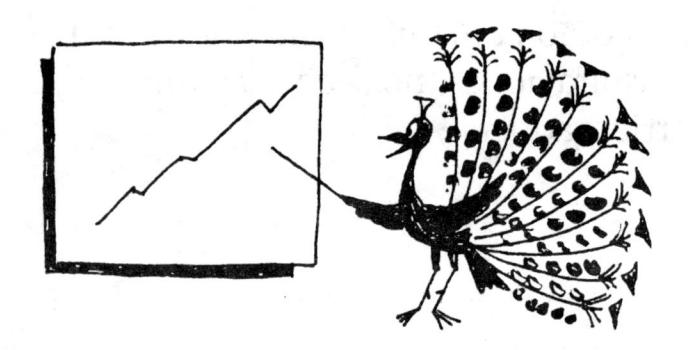

¿Es usted un pavo real (o alguna otra clase de ave exótica)?

1. ¿Siente usted con frecuencia que no "encaja", que es "diferente" de una manera especial?

2. ¿Se le critica por no ser un buen "miembro del equipo" (entendiendo esto como un eufemismo para decir que no se somete a las reglas del grupo)?

3. ¿Se siente presionado por su jefe o por otras personas para que cambie significativamente su manera de ser, de modo que pueda encajar dentro del equipo?

4. ¿Se siente aislado, discriminado, "dejado por fuera" de la corriente de información y toma de decisiones?

5. ¿No hay nadie a quien usted pueda identificar como modelo de comportamiento entre los altos directivos de su empresa?

6. ¿Son sus ideas y sugerencias continuamente rechazadas con el argumento de que "ésa no es la forma como hacemos las cosas aquí"?

7. ¿Se siente con frecuencia menospreciado – o totalmente ignorado – a pesar de su talento y sus capacidades, mientras que otras personas menos talentosas que usted son ascendidas y recompensadas?

8. ¿Se pregunta usted con frecuencia qué será lo que está haciendo mal?

9. ¿Se siente asfixiado, atascado y frustrado por algún "sistema" invisible?

10. ¿Recibe con frecuencia reacciones poco positivas cuando hace algún comentario o sugerencia durante una reunión?

Si contestó afirmativamente a más de la mitad de estas preguntas, ¡usted es definitivamente un "ave exótica" en su empresa!

Consejos de supervivencia para pavos reales (y otras aves exóticas)

1. Sea realista acerca del mundo laboral. Con seguridad, usted va a encontrar algunos pingüinos en la mayoría de las empresas, especialmente en las más grandes.

2. No obstante, trate de mantenerse lejos de empresas que sean masivamente dominadas por pingüinos. Y si usted ya está en una de esas empresas, mantenga los ojos abiertos por si aparecen otras oportunidades (especialmente en empresas pequeñas y emprendedoras), mientras practica las "estrategias de supervivencia de los pavos reales".

3. Busque la amistad de otras aves exóticas para trabajar en grupo y brindarse apoyo moral.

4. No permita que su trabajo se vea afectado por su sentimiento de desánimo frente a la condición de ser diferente. Luche por alcanzar la excelencia en todo lo que hace. Su trayectoria profesional es su logro más importante, tanto en el Reino de los Pingüinos como fuera de él.

5. Sea consciente y cuidadoso al decidir cuánto puede y está dispuesto a cambiar para ser exitoso ante los ojos de los pingüinos. ¿Cuánto está usted dispuesto a pagar?

6. Esté preparado y sea suficientemente flexible para ponerse un traje de pingüino cuando sea necesario y/o importante. Piense que se trata de un "traje de camuflaje".

7. Considere la opción de trabajar independientemente. Ésa no es una alternativa para todo el mundo, pero muchas aves exóticas viven más felices cuando han optado por salirse de las empresas institucionales.

8. Consuélese con el hecho de que usted no está solo. Hay muchísimos pavos reales y aves exóticas que se sienten igual que usted. Búsquelos, pídales su consejo, apóyese en sus triunfos.

9. Entienda que usted no está errado, que no hay nada malo con usted. Su talento, su capacidad y sus ideas son valiosas, aunque los pingüinos no lo reconozcan ni lo estimulen.

10. Sea un buen ejemplo para otras aves exóticas. Apóyelas, ayúdelas y anime a todos aquellos que sean diferentes a encontrar el camino hacia la felicidad y el éxito.

Agradecimientos

Este librito refleja el pensamiento creativo de muchas mentes y muchos corazones. Aquí mencionamos sólo a algunas de esas personas a quienes tanto debemos...

Ante todo deseamos darle nuestros agradecimientos a Margret McBride; sin su apoyo, su estímulo y sus sugerencias editoriales no hubiéramos terminado este libro. Estamos muy agradecidos por su guía a través de todo el proceso creativo.

Fue muy grato trabajar con Steven Piersanti, nuestro editor, con quien tenemos mucho en común.
Con él establecimos una asociación muy creativa, y sus reflexivas sugerencias nos ayudaron a refinar y pulir nuestro trabajo. Él y su equipo en Berret-Koehler invirtieron mucho tiempo y energía en ayudarnos a cristalizar nuestra historia.

Sam Weiss nos ayudó a darles vida a nuestros personajes. Apreciamos la forma en que su naturaleza de "pavo real" brilla a través de sus ilustraciones.

También extendemos nuestro agradecimiento a las "aves exóticas" y a los pingüinos reales cuyas experiencias inspiraron nuestra fábula. Sin duda se reconocerán a sí mismos y reconocerán el papel que desempeñaron en el Reino de los Pingüinos.

Finalmente, mil gracias a nuestros familiares, especialmente a Reggie Schmidt, Michael Hateley y Gloria Gallagher, quienes nos apoyaron continuamente y nos dieron aliento.
Su amor y su atención nutren nuestra creatividad.

Sobre los autores

Barbara "BJ" Hateley es, en muchos sentidos, como el personaje principal de esta fábula, un ave difícil de ignorar. Tiene un doctorado en Ética Social y se desempeña actualmente como consultora y asesora de diversas empresas y organizaciones sobre temas de recursos humanos. Como buen pavo real, BJ adora los auditorios y es una popular conferencista y directora de talleres de entrenamiento sobre diversidad de la fuerza laboral, estrategias de éxito y liderazgo para mujeres, motivación, comunicación, acoso sexual, desarrollo administrativo y, su tema favorito, cómo manejar a su jefe. BJ Hateley puede ser contactada en el "Cuartel General de los Pavos Reales", c/o Steps to Success, 701 Danforth Drive, Los Angeles, California, 90065, USA.

Warren H. Schmidt luce como un pingüino, pero prefiere considerarse un pavo real. En su larga carrera ha desempeñado un amplio espectro de posiciones – de ministro a psicólogo, de profesor a comisionado, de investigador a escritor de guiones para cine. Actualmente se desempeña como profesor de Administración Pública en la University of Southern California y continúa prestando asesorías y dirigiendo seminarios a través de su compañía Chrysalis.

Sam Weiss es un versátil artista, que se desempeña con igual éxito como director de la industria de la animación, escritor de guiones, productor y director cinematográfico. Actualmente dirige la adaptación y producción de un vídeo animado sobre *Un pavo real en el reino de los pingüinos*.